Finde dein Glück

Florian Langenscheidt
mit André Schulz

Finde dein Glück

Was im Leben wirklich zählt

HEYNE <

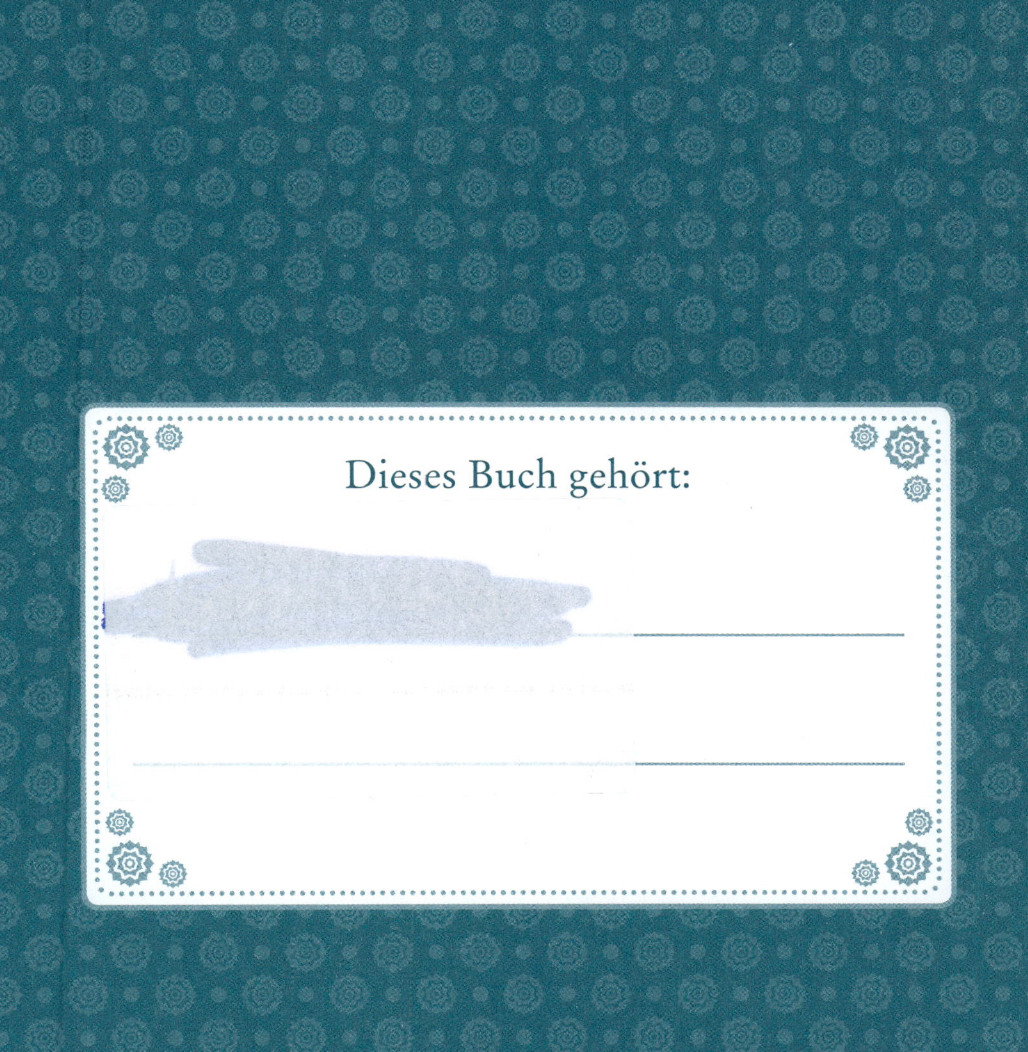
Dieses Buch gehört:

… und noch ein Hinweis zur Handhabung dieses Buches:
Zu Beginn jedes Kapitels findest du Freiräume, die du selbst gestalten und füllen kannst – sei es mit Fotos, die schöne Erinnerungen wecken, Gedichten, die dir etwas bedeuten, Eintrittskarten, Zeichnungen oder getrockneten Blütenblättern –, deiner Fantasie sind keine Grenzen gesetzt. All diese Dinge sind ein Teil von dir, deinem Leben, deiner Persönlichkeit …

Inhalt

۞ Wo finden wir unser Glück?

Glück ist so vielfältig wie unser aller Lachen, unsere Gedanken und Träume. Was den einen beglückt, langweilt den anderen. Einer kann sich in der Natur verlieren, der Nächste in der Kunst. Einer braucht ständig Menschen um sich herum, der andere liebt das Alleinsein. Einer will Sport machen, während sein Partner den Ohrensessel herbeisehnt.

Wer meint, Glück lasse sich Vorschriften machen, kennt den Menschen nicht. Ratgeber mögen gut gemeint sein, wirklich weiterhelfen tun sie nicht. Jeder von uns hat seinen eigenen Weg zu finden – zum Glück wie zu sich selbst.

Was antworten Sterbende auf die Frage, was sie anders gemacht hätten? Sie hätten gern ein Leben gelebt, das ihres gewesen wäre. Statt nach den wohlmeinenden Ratschlägen anderer oder nach gesellschaftlichen Konventionen und Wertmaßstäben zu leben.

Jedes Leben ist voll von Klippen, Rückschlägen und Enttäuschungen. Nur ist es weitaus einfacher, mit diesen umzugehen, wenn es unser eigenes Leben ist. Wenn wir uns versuchen an einem Entwurf, den wir selbst gezeichnet haben. Denn dann tragen wir eine große Fackel vor uns, die uns den Weg weist, auch wenn es dunkel wird. Die Fackel der Freiheit und Selbstbestimmung.

Reisen wir daher in uns selbst hinein und finden heraus, was wirklich für uns zählt. Fragen wir uns, was wir letztlich wollen vom Leben. Was uns von anderen aufgeschwatzt wird und was wirklich notwendig ist. Oft ist das viel weniger, als wir glauben. Weniger ist oft mehr Glück. Und die kleinen Momente sind häufig die großen. Nur müssen wir sie erkennen und uns die Zeit nehmen, sie zu genießen. Glück ist Liebe. Zu uns selbst, zu anderen, zu unserem Tun, zum Leben.

Dankbarkeit statt Neid. Wir haben so viel in uns, sind so reich vom Schicksal beschenkt. Seien wir dankbar dafür, anstatt zu überlegen, was sonst noch alles sein könnte. Mancher versäumt sein Leben, weil er immer nur überlegt, was ihm fehlt.

Wir neigen dazu, die Schuld für unser Glück oder Unglück auf andere und anderes zu schieben. Auf das fehlende Geld, den schrecklichen Chef, die übelwollenden Kollegen, den lieblosen Partner, die mangelnde Zeit, das schlechte Wetter.

Aber das Glück liegt in uns. Wir sind dafür verantwortlich. Glück ist eine Entscheidung. Es fällt uns nicht zu. Es ist in uns, um uns herum. Wir müssen es nur sehen – durch das Gestrüpp von wirklichen oder vermeintlichen Anforderungen und all unserem Alltagsstress.

Was uns wirklich glücklich macht, ändert sich mit den Phasen des Lebens. Jeder Lebensabschnitt bietet spezifisches Glück und Unglück. Genießen wir die Reise durchs Leben. Wer noch staunen kann, braucht das Alter nicht zu fürchten.

Der Fragen ans Glück sind viele. Die Antworten liegen in uns. Wir müssen sie nur finden. Das kostet Zeit, ist manchmal schwierig. Aber der Lohn ist groß, da wir uns ein Leben aufbauen, das unseres ist, und in dem wir uns bestmöglich einrichten können.

Fragen riechen nach Kindheit, Lektionen nach Schule. Die Methode, durch Fragen zu uns zu finden, verdanken wir wohl Sokrates. Er wollte nicht dozierend wie ein Lehrer vor uns stehen. Nein, er meinte, Erkenntnis müsse von innen kommen. Es läge alles schon in uns, und der Lehrer müsse nur die richtigen Fragen stellen. Philosophie wird so zur Hebammenkunst.

Daher: Höre in dich hinein. Da spielt die spannendste Musik.

Frage dich, was dir wirklich guttut. Und gönne es dir.

Jongliere mit deinen Ansprüchen, tanze mit dem Schicksal.

Hab Mut zum Glück. Du hast alles Recht dazu.

Liebe etwas, ändere es, sodass du es lieben kannst, oder wirf es aus deinem Leben hinaus.

Frage dich in aller Konsequenz: Was will ich, was kann ich, was brauche ich?

Nimm dir Zeit für die Beantwortung der Fragen rund um dein Glück. Und lass dich dabei von nichts und niemandem beeinflussen. Es geht um dein Leben. Um deine Werte und Neigungen.

Jeder hat nur ein Leben. Lebe es so, wie du es willst. Wie es für dich Sinn ergibt.

Das ist nicht egoistisch. Denn wir tun ohnehin am meisten für unser Glück, wenn wir uns hauptsächlich um das Glück anderer kümmern. Und es ist schöner, mit Menschen zusammen zu sein, die wissen, was sie wollen, und voll Demut und Entschiedenheit mit anderen ihren Weg gehen.

Lebe deine Einzigartigkeit – und keiner kann dich überholen.

Sei ehrlich zu dir. Gelogen wird genug im Leben. Es ist zu kurz dafür.

Erinnerst du dich an Schatzsuchen in der Kindheit? Bei den gut durchdachten war es nicht einfach, den Schatz zu finden. Aber gerade dann lohnte es sich besonders.

Was dich erwartet: ein inneres Leuchten, trotz aller Probleme und Enttäuschungen, die das Leben mit sich bringt. Ein Gefühl des Eins-Seins mit dir selbst, mit den Menschen um dich herum, mit deinen Wünschen und deiner Tätigkeit. Eine innere Ruhe inmitten des Chaos.

Das könnte die Mühe lohnen, oder?

Florian Langenscheidt

Zum Aufwärmen

Wenn wir eins sind mit uns selbst, mit unseren Erwartungen, unserem Tun, mit den Menschen und der Welt um uns herum, erleben wir ein Gefühl des inneren Glücks – gerade so, als wollten wir die Welt umarmen. Gern würden wir es festhalten, doch wie wir nur zu gut wissen, hat das Glück seine ganz eigene Dynamik: Es taucht ebenso unverhofft auf wie die Liebe und macht sich zuweilen rar, wenn alles nach ihm ruft. Nur Glück geht nicht – aber gestalten wir unser Leben, Denken und Fühlen doch so, dass es dem Glück leicht gemacht wird, immer wieder vorbeizuschauen. Wir haben es in der Hand!

Was habe ich heute schon für mein Glück getan?

Sind meine Erwartungen an das Leben intelligent gemanagt? Überfrachte ich alles? Oder erwarte ich zu wenig?

Wenn es die Möglichkeit gäbe, einen besonderen Lebensmoment ein zweites Mal zu erleben: Welchen würde ich wählen?

Wobei ist die Vorfreude schöner als die Erlebensfreude? Wann ist es andersherum?

In welchen Momenten spüre ich inneren Frieden?

Lasse ich mich glücklich sein? Wenn nein, was hält mich davon ab?

Verglichen mit einer Muschel, was in meinem Inneren ist meine Perle?

Wenn jeder Tag ab morgen eine Stunde weniger hätte,
worauf könnte ich ohne Probleme verzichten?

Wo war ich am wichtigsten Tage meines Lebens? Und was geschah?

Welche meiner Träume habe ich bereits begraben? Was müsste passieren,
damit sie wiederauferstehen?

Wofür brenne ich? Wo glimme ich nur auf Sparflamme? Und bei welchem ehemaligen Feuer ist die Asche schon vom Winde verweht?

Was in meinem Leben ist Pflicht? Was die Kür? Und wobei bin ich besser?

Angenommen, jedes meiner Gefühle wäre ein Land, welches wäre am größten? Und in welchem würde ich am liebsten leben?

Gebe ich dem Glück die Chance, sich ab und zu bei mir niederzulassen? Wenn ja, wo bei mir ist sein Lieblingsplatz?

Was macht mein Leben erfolgreich?

An welches Kompliment erinnere ich mich noch,
als hätte ich es eben gerade erhalten?

Gesetzt den Fall, ich müsste eine dreiminütige Ansprache an unsere Nation halten, wofür würde ich den Menschen danken? Wozu würde ich sie ermutigen?

Angenommen, eine große Sturmflut käme und ich wäre Eigentümer der einzigen Arche: Wen oder was würde ich mit an Bord nehmen? Warum?

Wer sind meine fünf wichtigsten Menschen? Was zeichnet sie aus?

1.
2.
3.
4.
5.

Von welchem Menschen habe ich etwas Bleibendes mitgenommen,
ohne dass es ihm oder ihr heute fehlt?

Wie heißen die Werkzeuge, mit denen ich mein Glück am besten schmieden kann?

Wäre das Glück eine Person, wie würde sie aussehen?

Wenn sich mein Wortschatz über Nacht auf nur zehn verbleibende Worte reduzieren würde: Welche würde ich gern behalten?

1. 2. 3.

4. 5. 6. 7.

8. 9. 10.

Wenn sich ein Tag meines Lebens ab morgen wie in einer Endlosschleife wiederholen würde, welchen würde ich wählen? Aus welchem Grund?

Angenommen, ich wäre eine Sternschnuppe: Welche Wünsche würde ich erfüllen? Nach welchen Kriterien würde ich entscheiden?

Durch welche Brille betrachte ich die Realität vorwiegend: durch die abgedunkelte, die verschwommene oder die rosarote?

Verglichen mit einem Haus: Wie viele Zimmer hat mein Leben?
Und was steht auf den Schildern an den Türen?

Mit welchen Gedanken und Phantasien schlafe ich abends gern ein?

Könnte man Glück in Form von Tabletten einnehmen, in welchen Momenten würde ich mir eine einverleiben? Mit welchen Nebenwirkungen müsste ich rechnen?

Schätzfrage: Wie viel Prozent meiner Möglichkeiten, glücklich zu sein, kenne ich? Und wie viel Prozent schöpfe ich derzeit aus? Warum?

Selbsterkenntnis

Auf dem Weg zu einem erfüllten Leben gilt es, immer wieder innezuhalten, um uns zu fragen, wer wir sind und was uns zufrieden stimmt. Die Auseinandersetzung mit uns selbst macht uns dankbar für das, was wir haben, und regt uns gleichermaßen zur Veränderung an. Je besser wir uns selbst kennen, desto mehr gelingt es uns, jenes Leben zu finden, das gut für uns ist, und uns darin bestmöglich einzurichten. Kein Leben ist ohne Schmerz und Schatten, aber wir können damit besser umgehen, wenn es unseres ist und nicht eines von Eltern, Lehrern oder anderen Einflusskräften vorgegebenes.

Was tue ich, wenn ich absolut unbeobachtet bin und niemanden in irgendeiner Weise beeindrucken oder in seinem Urteil über mich beeinflussen will?

An welchem Ort würde ich Zuflucht suchen, wenn die Welt kurz davor wäre unterzugehen? Warum gerade dort?

Bei insgesamt zu verteilenden hundert Prozent: Zu wie viel Prozent lebe ich in der Vergangenheit, im Heute und in der Zukunft? Ist das gut so – und warum?

Welches wichtige Ereignis der Weltgeschichte hätte ich gern selbst live vor Ort miterlebt? Warum wohl?

Wenn jeder Mensch zwingend eine zweite Staatsbürgerschaft haben müsste, welche würde ich wählen? Aus welchem Grund?

Welche Erfindung hätte ich gern gemacht?

Wofür bin ich dem Zufall dankbar?
Und wann hätte ich gern auf ihn verzichtet?

Auf welchem Gebiet bin ich ein erfahrener Experte?
Und wo ein lernwilliger Amateur?

Wenn sich ein Bild von mir im Wörterbuch befände, neben welchem Wort sollte es wünschenswerterweise stehen?

Müsste ich meinen Lebensverlauf seit meiner Geburt bis heute als Diagramm zeichnen (unten die Zeit, oben mein Glück), wie würde es aussehen?

Mit welchem »Nein« habe ich »Ja« zu mir gesagt? Weshalb?

In welche kniffligen Situationen habe ich mich aus Unerfahrenheit oder Neugierde gebracht? Wie bin ich hier wieder herausgekommen?

Angenommen, bei mir zu Hause wären alle elektronischen Geräte defekt, was könnte ich tun, das ich sonst nie tue? Zum Beispiel abends?

In welchen Dingen bin ich eigen? In welchen merkwürdig? Und wo ziehe ich die Grenze?

Welche drei meiner Entscheidungen waren für mich die bisher wichtigsten?
Aus welchen Gründen?

1.

2.

3.

In welchen Momenten höre ich auf meinen inneren Schweinehund?
Was kann ich tun, um ihn schlafen zu legen?

Für welche liebgewonnenen Gewohnheiten in meinem Alltag bin ich dankbar?
Und für welche unliebsamen überhaupt nicht?

Über welchen unerwarteten Erfolg habe ich mich am meisten gefreut? Warum?

Was ist meine Schokoladenseite? Warum? Und wie würde ich meine andere Seite bezeichnen?

Was kann ich, das ich nicht will? Und umgekehrt?

Was versetzt mich in Begeisterung, wenn ich in den Spiegel blicke? Und was in Missmut oder Bewegung?

Wofür hätte ich gern mehr Verständnis? Was fiele mir dann leichter als jetzt?

In welchen Situationen bin ich zu verbissen? Und wann zu zahnlos?

Was würde ich sofort tun, wenn sicher niemand je davon erfahren würde?

Was besorgt mich wirklich? Wie viel Raum sollte das in Hirn und Herz haben?

Wie breit müsste der Hut sein, unter den ich alles bekomme, was mir wichtig ist? Was müsste darunter Platz finden?

Welche Ratschläge, die zutreffend wären, möchte ich trotzdem niemals erhalten?

Welche drei Worte sagen bereits mehr als fünfundsiebzig Prozent über mich aus? Und welche fehlen für die restlichen fünfundzwanzig Prozent?

Wenn ich meinem bisherigen Leben eine Schulnote geben müsste, welche Bewertung wäre fair? Welche Kriterien liegen dieser Note zugrunde?

In der Reihenfolge ihrer Wichtigkeit: Was waren meine drei größten Erfolge?

1.

2.

3.

Was überwiegt in meinem Leben: Sinn ☐ oder Unsinn ☐?
Woran mache ich das fest?

Was sagt die Wahl meiner Hobbys über mich aus?

Mal ganz praktisch betrachtet:
Wofür bin ich richtig gut zu gebrauchen?

Aus welchen Gründen habe ich die letzten drei Male gefeiert (ausgenommen Geburts- und Feiertage sowie Hochzeiten)?
Welche meiner persönlichen Erfolge habe ich nicht ausreichend gefeiert?
Würde ich diese Feiern gern nachholen?

Auf einer Skala von 0 (gar nicht) bis 10 (magnetisch): Wie anziehend bin ich?
Woran mag das hauptsächlich liegen?

Wofür wäre ich gern aufgeschlossener? Und wo bleibe ich bewusst verschlossen?

Packe ich das Leben an den Hörnern, oder treibt es mich vor sich her?

Wo gebe ich Vollgas, obwohl es vielleicht ratsamer wäre, einen Gang herunterzuschalten – wenn auch nur für eine gewisse Zeit?

Wofür würde ich mich entscheiden, wenn ich die Wahl hätte: Ruhm oder Ruhe?

Was befindet sich innerhalb meiner Komfortzone? Was außerhalb? Und an welcher Stelle würde ich sie gern mal durchbrechen?

Wobei war ich Trendsetter? Wo wäre ich es gern gewesen?

Was liegt mir mehr: andere zum Lachen zu bringen, zum Weinen, zum Nachdenken oder zum Staunen?

Würde ich mir selbst die Stimme geben, wenn ich zur Wahl stünde? Wenn ja, für welches Amt wäre ich am geeignetsten? Warum?

Was funktioniert bei mir in der Theorie, nur nicht in der Praxis?

Aus welchen Fehlern lerne ich mehr:
aus meinen eigenen ☐ oder
aus denen der anderen ☐ ?
Welcher Fehler hat mir bisher den größten Lerneffekt gebracht?

Wenn ich die Möglichkeit hätte, einen Klon von mir herzustellen, würde ich davon Gebrauch machen? Wenn ja, wofür würde ich ihn einsetzen?

Wie beschreibe ich meinen Charakter, ohne mich zu über- oder untervorteilen?

Kind sein

Kinder denken magisch, und ihre Phantasie ist noch ungezügelt, frei wie der Vogel in der Luft. Der Stock, den das Kind im Garten oder Hinterhof findet, kann alles sein: das Zauberschwert, das unbesiegbar macht, oder die Puppe, die im Arm gewiegt werden will. Uns Erwachsenen tut es gut, immer wieder anzuknüpfen an jene Zeit in unserem Leben, in der unsere Imagination machtvoller war als jede Realität und unsere Liebe bedingungslos. Denn in jenen Jahren wurden wir maßgeblich geprägt.

Was war das Schönste, das meine Mutter für mich getan hat?
Und mein Vater?

Was verbindet mich mit meinen Geschwistern? Und was entfremdet mich?
Und falls ich keine habe – hätte ich gerne welche gehabt? Warum?

Was habe ich als Kind geliebt, wovon ich mich heute frage: warum eigentlich?

Was würden meine Eltern über mein Leben erzählen?
Wobei geraten sie ins Schwärmen? Wobei ins Grübeln?
Und wobei ins Stocken?

Was habe ich von meinem Vater/meiner Mutter gelernt, wofür ich ihm/ihr dankbar bin?

Was weiß ich über das Leben meiner Eltern? Und was würde ich gern wissen?

Was bewundere ich am Leben meiner Eltern?
Was davon würde ich gern auf mein Leben übertragen?

Welchen Hobbys bin ich in meiner Kindheit nachgegangen – auf einer Skala von 1 (nur auf Druck meiner Eltern) bis 10 (mit Spaß aus vollem Herzen)?

An welche gemeinsamen Momente mit meinem Vater/meiner Mutter werde ich mich mein Leben lang gern zurückerinnern?

Welchen meiner Kindergeburtstage würde ich gern noch einmal feiern? Wen würde ich heute dazu einladen?

Wie haben sich meine Geburtstagsfeiern im Laufe der Jahre entwickelt? Sind sie zum Beispiel ausgelassener, intimer oder gästereicher geworden? Was könnte dahinterstecken?

Würde ich meine Kindheit – mit meinem heutigen Wissen – anders verbringen? Wenn ja, wie genau?

Wäre ich im anderen Geschlecht geboren, wie anders wäre mein Leben wohl verlaufen? Verglichen mit meinem heutigen: eher besser oder schlechter?

Wie hießen meine besten Freunde/Freundinnen aus meiner Jugend?
Zu wem habe ich noch Kontakt?
Zu wem wünsche ich ihn mir wieder?

Was haben Kinder, das ich auch gern hätte? Warum?

Liebe ich meine Eltern so sehr wie sie mich? Eher mehr oder weniger?
Warum eigentlich?

Wie sieht mein Stammbaum in 100 Jahren im besten Fall aus, wenn ich die Wurzel bin?

Wäre ich gern mein eigener Vater/meine eigene Mutter? Warum? Warum nicht?

Mutter oder Vater: von wem habe ich mehr in mir? Und was genau?

Wenn ich selbst Vater/Mutter bin: Wie hat sich mein Blick auf meine Eltern im Laufe meiner Elternschaft verändert?

Bei welchen Themen denke ich heute anders als früher?
Gefällt oder missfällt mir diese Wandlung?

Wenn Kinder der Spiegel des eigenen Verhaltens sind: Wann schaue ich mir mein Spiegelbild mit Lust an? Wann mit Frust?

Angenommen, mein Leben wäre ein Computerspiel, würde ich es begeistert (oder gespannt) bis zum Ende spielen?

Wenn Kinder durch Tiere lernen, Verantwortung zu übernehmen, wodurch habe ich es gelernt?

Was bedeutet Familie für mich? Ist das Stärkung oder Schwächung?

Lebenspläne

Pläneschmieden erfüllt uns mit einem Gefühl von Sinnhaftigkeit, Zielstrebigkeit und Sicherheit. Glück braucht all das – und den Mut, das Eigene zu wollen. Dass unsere festen Vorstellungen nichts als Erwartungen an eine Zukunft sind, die nicht wirklich vorhersehbar ist, blenden wir allerdings gerne aus. Das Leben verläuft nur in den seltensten Fällen nach Plan. Wem es gelingt, seine Vorstellungen und Erwartungen auch mal los- und sich auf die Unvorhersehbarkeiten des Lebens einzulassen, macht sich die Kraft des Augenblicks zunutze und lässt Ungeahntes in sein Leben.

Wie viele meiner Lebensideen habe ich schon umgesetzt?
Welche wichtigen befinden sich noch in der Planungsphase?

Wie haben sich meine Berufswünsche, beginnend mit der Sandkastenzeit, im Zeitablauf verändert? War das förderlich?

Dürfte ich einen neuen Beruf nur für mich erfinden, der ideal zu meinen Fähigkeiten und Neigungen passt, wie würde er aussehen?

Wie möchte ich mit fünfundachtzig Jahren sein?

Welches Lob hat mich mit Stolz erfüllt?

beruflich

privat

Womit hat mich das Leben total überrascht?
Und womit aus der Bahn geworfen?

Wobei bin ich unschlagbar? Woher weiß ich das?

Angenommen, mein Leben wäre ein Musikalbum und jeder Lebensabschnitt ein Lied, wie hieße das aktuellste? Und welchen Namen sollte das letzte tragen?

Für welchen guten Zweck könnte ich mich mit meinen Fähigkeiten engagieren?

Bei welcher Nachricht würde ich in grenzenlosen Jubel ausbrechen?

Was war die beste Investition meines Lebens? Woran mache ich das fest?

Für welche meiner bisherigen Leistungen hätte ich eine Medaille verdient?

Wenn ich die Zeit hätte, drei Fächer zu studieren, welche würde ich unter den folgenden Gesichtspunkten wählen?
1. Das Fach macht mir Spaß.
2. Mit dem Fach kann ich viel Geld verdienen.
3. Das Fach ergibt für mich einen Sinn.

1.
2.
3.

Gesetzt den Fall, es gäbe eine Maschine, die mir alles abnimmt, was ich will, was dürfte sie für mich tun? Und womit würde ich meine neu gewonnene Freizeit sinnvoll ausfüllen?

Wenn der Phantasie keine Grenzen gesetzt sind, wie nutze ich diese Freiheit?

Ist mein Leben vorhersehbar? Finde ich das gut?

Welche Nachricht würde ich liebend gern auf meiner Mailbox haben?

Wenn es für alles eine Versicherung gäbe, welche könnte ich gut gebrauchen?

Welche Episoden aus meinem Leben möchte ich irgendwann mal meinen Kindern oder Enkeln erzählen?

Dürfte ich drei Momente meiner Vergangenheit ausradieren: Welche würde ich wählen? Mit welchen Momenten würde ich die Lücken füllen?

1.

2.

3.

Worin unterscheidet sich mein heutiges Leben von dem, was ich mir als Kind vorgestellt habe? Wäre ich als Kind davon heute enttäuscht oder begeistert?

Welche Erwartungen von meiner Zukunft müsste ich haben, um garantiert enttäuscht zu werden?

Wofür würde ich mich eher entscheiden: für ein langes Leben voller unerfüllter Wünsche ☐ oder für ein kurzes Leben voller in Erfüllung gegangener Wünsche ☐ ? Warum?

Wenn Ordnung das halbe Leben ist, woraus besteht dann die andere Hälfte?

Aus welchem Traum würde ich am liebsten niemals aufwachen?

In welchen Bereichen sehe ich mich eher als Lebensprofi und wo eher als Lebensamateur?

Welche wichtigen Eckpfeiler verleihen meinem Leben Sicherheit und Stabilität?

Wie oft denke ich »Ach hätte ich doch, ach würde ich nur ...«? Wie könnte ich davon wegkommen?

Wie würde ich mich motivieren, wenn ich mein Chef wäre? Und wie, wenn ich mein Partner wäre?

Welche Vision hätte ich gern für mein Leben?

Wenn ich neue Menschen kennenlerne, mit welchen Worten stelle ich mich und das vor, was ich beruflich mache? Wie sähe meine Wunschvorstellung aus?

Welche meiner Stärken kommen bei meiner Arbeit zu wenig zur Geltung? Was könnte ich tun, um sie mehr zur Geltung zu bringen?

Wenn jeder Mensch in seinem Leben mindestens fünf verschiedene Berufe ausgeübt haben müsste, für welche würde ich mich entscheiden? Warum gerade für diese?

1.
2.
3.
4.
5.

Verglichen mit der Arbeit anderer, in welchen Punkten bin ich ihnen gegenüber privilegiert? In welchen benachteiligt? Und wie beurteilen es die anderen, wenn sie sich mit mir vergleichen würden?

Welche unterschiedlichen Rollen nehme ich ein auf meiner Arbeit, bei mir zu Hause, in meiner Beziehung, im World Wide Web?

Welche Tätigkeiten meiner jetzigen Arbeit würde ich – zu viel kleineren Zeitanteilen – auch mit Freude in meinem Urlaub ausführen?
Was sagt meine Antwort über meine Berufung zu meiner Arbeit aus?

Müsste ich eine einheitliche Zeitaufteilung für alle Menschen finden zwischen Schlafen, Arbeit und Freizeit, wie würde ich die vierundzwanzig zur Verfügung stehenden Stunden verteilen? Welche Vorteile hätte diese Aufteilung für mich?

Auf welche meiner persönlichen Veränderungen bin ich besonders stolz?
Warum genau auf diese?

Fremde Blickwinkel

Unsere Mitmenschen sind wie Spiegel, die uns einen neuen Blick auf uns selbst und die Zusammenhänge des Lebens gewähren. Aus der Perspektive von Angehörigen, Freunden und Fremden lernen wir uns näher kennen, mit unserem Licht und unserem Schatten, unseren Prägungen, Gewohnheiten, Stärken und Schwächen. Je tiefer wir uns selbst ausloten, desto bewusster können wir uns auf die Suche nach dem Glück machen und ihm die Chance geben, uns zu finden.

Worüber rede ich am liebsten und längsten, wenn ich mit engen Freunden oder Freundinnen zusammensitze?

Was schätzen meine Freunde und Freundinnen an mir? Inwiefern deckt sich das mit dem, was ich selbst an mir mag?

Wenn Fremde von außen auf mein Leben blicken: Wofür wären sie an meiner Stelle dankbar? Würde ich ihre Ansicht teilen?

Gibt es einen Menschen, den ich als mein Vorbild bezeichnen würde? Wenn ja, wen und warum?

Für welche meiner Eigenschaften bekäme ich im Vergleich mit anderen eine »Eins mit Sternchen«?

Über was an mir wundere ich mich oft?
Was bewundere ich bei anderen zu wenig?

Auf welche meiner offenen Fragen hätte ich gern eine zufriedenstellende Antwort, wenn ich vierundzwanzig Stunden im anderen Geschlecht verbringen könnte?

Wann bin ich am besten genießbar? Was macht andere für mich ungenießbar?

Welcher zeitgenössischen Person würde ich gern einmal welche Frage stellen?

Welcher zeitgeschichtlichen Person wäre ich gern begegnet?
Um was mit ihm/ihr zu tun?

Wenn man Erfahrungen übertragen könnte:
Welche der Generation vor mir würde ich gern besitzen?

Welche Erfahrungen würde ich der Generation nach mir am liebsten ersparen?

Welche »Guter-Rat-SMS« würde ich mir schicken, wenn ich ein Freund von mir wäre, der es gut mit mir meint?

Von welchen Menschen wünsche ich mir mehr Anerkennung? In welcher Form?

Welche Hinweisschilder müsste ich zu mir aufstellen, damit andere Menschen besser verstehen, wie ich »ticke«? Und welche Warnschilder wären hilfreich?

Mit welchem ernst gemeinten Kompliment habe ich wem zuletzt eine große Freude bereitet?

Gibt es Menschen, die ich positiv geprägt habe? Wenn ja, wodurch?

Wie lautet das überzeugendste Argument, mich zu mögen?

Welches Leben eines anderen ist aus welchen Gründen spannender als meines? Welches langweiliger? Und welches vergleichbar?

Angenommen, ich könnte eine gewisse Zeit im Kopf eines anderen verbringen: auf wen würde meine Wahl fallen? Warum?

Wechsle ich häufig genug den Blickwinkel auf mein Leben?
Gebe ich dem Glück dadurch mehr Chancen bei mir?
Wie sieht mein Leben aus der Luft betrachtet aus?

Wem würde ich in einer Videobotschaft gern einmal sagen, was ich wirklich von ihm denke? Und von wem würde ich wohl welche Botschaften erhalten?

Wenn ich mein Leben für einen Tag tauschen dürfte:
Wer wäre mein Tauschpartner?

Will ich im Umgang mit mir wichtigen Menschen eher
recht ☐ haben oder einen schönen Tag ☐?
Wie häufig mache ich genau das Gegenteil von dem, was ich will?

Könnte man – aus der Sicht eines unbeteiligten Zuschauers – sagen, mein Leben folgt einer gewissen Logik? Wenn ja, welcher? Wenn nein, was passiert dann?

Empfinde ich mich im Vergleich mit Gleichaltrigen eher als Vorreiter ☐, Mitmacher ☐ oder Nachzügler ☐? Wie zufrieden bin ich mit meiner Rolle?

Tue ich alles, um mich in meinem Leben schön einzurichten und das Beste daraus zu machen, oder schiele ich oft neidisch auf das Leben anderer?

Mit wem kann ich ohne Probleme über meine Probleme reden? Woran liegt das?

Wenn ich eine Person meiner Wahl an einen Lügendetektor anschließen könnte, wer sollte sich meinen Fragen stellen? Welche Wahrheit würde ich von ihr/ihm erfahren wollen?

Gäbe es für jeden Menschen eine Gebrauchsanweisung, welche Tipps zu mir wären die wichtigsten? Und zu wem hätte ich gern ein paar Anweisungen?

Wen kenne ich, der in für mich wichtigen Bereichen gleiche (oder sehr ähnliche) Erfahrungen gesammelt hat wie ich? Worüber würde ich mich mit diesem Menschen austauschen?

Worum beneiden mich andere? Und was neide ich anderen?

Von wem könnte ich in menschlicher Hinsicht viel lernen? Was genau?
Und wer profitiert wodurch von mir?

Angenommen, die Menschen, die mich am besten kennen, müssten sich auf drei Werte einigen, die ich ihrer Einschätzung nach am meisten verkörpere: Worauf würden sie sich verständigen?

1.

2.

3.

Hätte eine andere Person mein Aussehen und meine Ausstrahlung,
was würde ich bei ihrem/seinem Anblick lobend hervorheben?

Wenn die Königstochter durch einen Kuss aus einem Frosch einen Prinzen zaubern kann, was könnte man in mir wachküssen?

Wer oder was geht mir auf die Nerven? Wie kann ich meine Nerven umgehen, um sie zukünftig zu schonen?

Unterscheide ich bei der Beurteilung eigener Fehler und der Fehler anderer? Was war mein bisher größter? Und würde das ein anderer ebenso einschätzen?

Wem würde ich im Abspann danken, wenn mein Leben ein Film wäre?

Wenn ich nicht geboren worden wäre, was würde der Welt fehlen?

Geben und Nehmen

In unserer Welt dreht sich viel ums Geld. Materielle Güter schenken uns das Gefühl von Sicherheit in einer sich ständig wandelnden Welt. Dinge, die wirklich wichtig sind, wie Liebe, Sinnhaftigkeit, Freundschaft oder Gesundheit, lassen sich jedoch nicht kaufen. Statt uns der Jagd nach materiellen Gütern zu verschreiben, können wir uns in den Kreislauf aus Geben und Nehmen einklinken und jene Verbundenheit mit anderen Menschen leben, die uns wirklich glücklich macht. Und: Ein Lächeln kostet uns nichts, ebenso wenig eine helfende Hand, die wir jemandem reichen.

Was überwiegt in meinem Leben: geben ☐ oder nehmen ☐?
Woran mache ich das fest? Wie zufrieden bin ich damit?

Wenn ich dreimal so viel Geld hätte, wie ich jemals ausgeben könnte, was würde ich an meinem heutigen Leben ändern?

Wenn es kein Geld gäbe, was hätte ich, das ich mit anderen tauschen könnte?

Wofür würde ich mich entscheiden?

☐ die zehnprozentige Chance auf eine Million Euro

☐ die neunzigprozentige Chance auf tausend Euro

Was könnte ich spenden, ohne dass mir danach etwas fehlt?

Bei welchem Betrag auf meinem Konto höre ich auf, mein Geld zu sparen?

Wie wichtig ist Geld für mich und mein Glück? Berücksichtige ich, dass das Wesentliche nicht käuflich ist?

Wenn ich jeden Tag meiner Lebenszeit für tausend Euro verkaufen könnte, wie viele Tage würde ich abgeben? Und was würde ich mit dem verdienten Geld machen?

Welches Vermögen ziehe ich vor?

☐ handwerkliches ☐ intellektuelles ☐ finanzielles

Und was stelle ich damit an, wenn ich es habe?

Wenn es für jeden Beruf den gleichen Lohn geben würde und ich mir aussuchen könnte, was ich wollte, für welche Arbeit würde ich mich entscheiden?

Wäre mein Leben ein Konto, was stünde auf der Plus-Seite und was auf der anderen?

Sehe ich mich grundsätzlich eher als Konsument des Lebens ☐ oder als Produzent ☐? In welchen Situationen könnte ich das Verhältnis zu meinem Nutzen ändern?

Angenommen, ich könnte mir jede Fähigkeit dieser Welt für nur einen Euro kaufen, für welche würde ich mich entscheiden? Und was damit anstellen?

Wer ist glücklicher? Der Schenkende oder der Beschenkte? Und warum?

Müsste jeder Mensch eine Mission vorweisen können, für welche würde ich mich entscheiden?

Angenommen, man würde mir eine Milliarde Euro schenken, unter der Bedingung, das gesamte Geld für etwas Gutes zu verwenden:
Für wen oder was würde ich mich engagieren?

Was kann ich anderen schenken, ohne dass ich anschließend davon weniger habe?

Welche kleine Geste von mir hat bei jemand anderem für große Wirkung gesorgt?

Was muss passieren, damit ich Mitgefühl spüre?

Wessen Leben kann ich positiv beeinflussen? Was muss ich dafür tun?

Liebe und Nähe

Liebe verleiht unserer Seele Flügel und lässt uns
über uns selbst hinauswachsen. Glück geht nicht ohne.
Genauso wenig wie ohne Familie und ohne Freundschaft,
jenem Gefühl, das unterschiedlichste Menschen miteinander
verbinden kann. Partner und Freunde, deren Nähe wir
suchen, schulen uns im Umgang mit unseren Erwartungen,
fordern Reife, Anpassungsfähigkeit und Weisheit.
Und sie lassen uns das Wesentliche sehen: in uns, im andern,
in der Welt, in der wir leben.

Habe ich in meinen Beziehungen häufiger »Ich liebe dich!« gesagt oder gehört? Wie bewerte ich das?

Welche Geheimnisse teile ich nur mit meinem besten Freund/meiner besten Freundin?

Wäre ich, bildlich gedacht, der Mittelpunkt einer Dartscheibe: Welche Menschen befänden sich im ersten Kreis um mich herum? Und welche im äußersten?

Welche meiner Freunde aus sozialen Netzwerken würde ich zu mir nach Hause einladen?

Welchen Weg muss man einschlagen, um mein Herz am schnellsten zu gewinnen? Und was ist der schnellste Weg, um es wieder zu verlieren?

Mit welchem bis dato fremden Menschen hatte ich eine bedeutsame Begegnung?

Angenommen, ich müsste vierundzwanzig Stunden durchgehend mit mindestens einem anderen Menschen verbringen: Welche Menschen kämen hierfür infrage? Wie würde ich die Zeit unter ihnen aufteilen?

In welchen Situationen war ich leidenschaftlich?
Und wann vom Leid geschafft?

Unter welchen Voraussetzungen gehe ich mit jemandem durch dick und dünn?

Was wünschen sich Freunde von mir, das ich ihnen noch nicht gegeben habe?

Was bedeutet Liebe für mich?

Wenn ich mir meinen Traumpartner backen könnte, welche Zutaten brauchte ich hierfür?

Ist mein Intelligenzquotient höher als meine emotionale Intelligenz? Ist das gut so?

Welcher aus meiner Sicht sehr glücklichen Beziehung eines älteren Paares würde ich mit meiner eigenen gern so nah wie möglich kommen? Welche Schritte müssten wir dazu unternehmen?

Zeige ich meine Gefühle in ausreichender Weise? Wann und wem gegenüber würde ich gern mehr davon offenbaren?

Was zieht mich eher an?

- ☐ Menschen mit Gegensätzen
- ☐ Menschen mit Gemeinsamkeiten

Welche Erfahrungen entgehen mir dadurch möglicherweise?

Habe ich genug Zeit für meine Freunde und Freundinnen? Bin ich für sie da, wenn sie mich brauchen – aber auch, um einfach Spaß mit ihnen zu haben?

Welcher Abschied tat mir gut? Welches Kennenlernen sehne ich herbei?

Wobei oder mit wem würde ich gern einen Neuanfang starten?

Für welche Gespräche oder Aktivitäten fehlt mir ein guter Freund/ eine gute Freundin?

Hat es einen Grund, dass leben von lieben nur einen Buchstaben weit entfernt ist? Wie weit bin ich von beidem entfernt?

Wem würde ich gern das »Du« anbieten? Und wem wieder wegnehmen?

Was bewundere ich an meinem Partner? Und wo wundere ich mich über ihn?

Würden alle Menschen, die ich mag, morgen nicht mehr existieren, mit wem würde ich unbedingt noch schnell reden wollen? Und was würde ich ihr/ihm sagen?

Habe ich bis zum heutigen Tag mehr Liebe gegeben ☐ oder erhalten ☐ ?
Was nehme ich aus dieser Erkenntnis mit in meine Zukunft?

In welche Menschen habe ich bisher am meisten Zeit/Liebe investiert?
Und wer in mich?

Für wen würde ich mein letztes Hemd geben? Warum für niemand anderen?

In welchen Momenten wünsche ich mir ganz viel Zweisamkeit?
Und wann brauche ich meinen Freiraum?

Wie viel Nähe tut mir gut? Wie viel lähmt mich?

Angenommen, mein Leben wäre ein Staat, welchen Menschen und Gedanken würde ich ein Einreiseverbot erteilen? Und wem ein Ausreiseverbot?

Was kann ich spontan und ohne großen Aufwand tun, um meine/meinen Liebsten (und damit auch mich) glücklich zu machen?

Mit welchen Worten oder Taten mache ich meinen Partner groß?
Wie kann ich es vermeiden, ihn unnötig klein zu machen?

Treue, Vertrauen oder Ehrlichkeit: Was steht für mich in Partnerschaften auf den Plätzen eins bis drei?

1.

2.

3.

Was würde ich an meinem Partner verändern, wenn ich es könnte?
Welche weiteren Veränderungen würden meine automatisch nach sich ziehen?

Was würde mein Partner an mir verändern wollen, wenn er die Wahl hätte?
Würde ich dabei mitmachen?

☐ ja ☐ nein

☐ ja ☐ nein

☐ ja ☐ nein

☐ ja ☐ nein

☐ ja ☐ nein

Was hat sich im Laufe unserer Beziehung eher verändert?

☐ mein Partner

☐ mein Erwartungsmaßstab an ihn

Empfinde ich dies eher als gut oder schlecht?

Verglichen mit meinen Expartnern: In welchen Punkten schneidet mein jetziger Partner besser, gleich oder schlechter ab? Wer erreicht insgesamt die höchste Punktzahl? Was sagt das über mich aus?

Wer liebt wen mehr?

☐ mein Partner mich ☐ ich meinen Partner

Woran mache ich das fest? Was sorgt für das Zunehmen oder Abnehmen von Liebe?

In welchen Momenten fühle ich mich meinem Partner gegenüber überlegen? Wann unterlegen? Und welches Gefühl liegt mir mehr?

Welche Brücken fehlen noch zwischen mir und meinem Partner?
Was wäre notwendig, um sie zu bauen?

Was favorisiere ich?
- [ ] eine kurzfristige intensive Liebesbeziehung voller einmaliger Glücksmomente
- [ ] eine harmonische, aber unspektakuläre Beziehung bis ans Lebensende?

Für welche Menschen fühle ich mich verantwortlich?
Wie verändert sich hierdurch mein Denken und Handeln?

Was hat mein Partner für mich getan, was ich ihm nie vergessen werde?

Wem bin ich zu Dank verpflichtet? Und wem zur Wahrheit?

Körper, Geist und Seele

Ein gesunder Körper, ein freier Geist und ein weites Herz sind die besten Voraussetzungen, um zufrieden zu sein, in sich zu ruhen und Glück zu empfinden. Manchmal wird uns das erst bewusst, wenn unser Körper krank wird, die Gedanken unablässig kreisen oder die Gefühle uns niederdrücken. Ehrliche Selbstwahrnehmung ist oft der erste Schritt zur Heilung, denn sie führt zur Hinterfragung unserer Lebensgewohnheiten. Damit wir wieder mit dem Schicksal tanzen können.

Was höre ich in mir, wenn um mich herum vollkommene Stille herrscht?

Was denken die Muskeln in meinem Körper über mich?
Womit könnte ich sie positiv überraschen?

Wenn ich bei Google drei Begriffe eingeben dürfte und mit dem Drücken auf »Enter« das gesamte vorhandene Wissen zu diesen automatisch in meinem Kopf speichern könnte, wofür würde ich mich entscheiden?

1.
2.
3.

Mache ich das Beste aus meinem Alter? Lebe ich seine Stärken richtig aus und ziehe daraus die Energie, mit seinen Schwächen umzugehen? Was könnte ich bewusster nutzen?

Jeder hat kleine körperliche Schwächen oder Gebrechen: Beschäftigen sie mich sehr, oder fokussiere ich mich eher auf all das, was funktioniert an meinem Körper?

Angenommen, ein junger und ein alter Mensch treffen sich zum Wettkampf. In welchen Disziplinen würde voraussichtlich der junge und in welchen der alte gewinnen?

Stimmt mein tatsächliches Alter mit meinem körperlichen und geistigen überein? Welches von den dreien ist aktuell das niedrigste? Welches sollte es ganz am Ende sein? Und was tue ich dafür?

Gehe ich mit meinem Körper entsprechend der Erkenntnis um, dass ich keinen anderen habe? Wäre ich mein eigener Arzt, welche ernst gemeinten Tipps würde ich mich bitten zu beherzigen?

Wie wird man innerlich jünger, wenn man äußerlich älter wird?

Wenn ich mir einen neuen Körper bauen dürfte, welche Körperteile welcher Personen würden mir hierfür als Vorlage dienen?

Was wäre anders, wenn ich immer auf meinen Körper gehört hätte?
Was hätte ich tun sollen und was nicht?

Angenommen, es gäbe ein Körperbearbeitungsprogramm, mit dem ich mich genau so verändern könnte, wie ich es wollte, an welchen Stellen würde ich mich anders modellieren?

Wenn wahre Schönheit von innen kommt, aus welchen inneren Faktoren setzt sich meine zusammen?

Wenn Gedanken wie Wolken am Himmel sind: Welche ziehen häufiger bei mir vorüber? Sind es eher Schäfchen- oder Gewitterwolken?

Wenn es eine Injektion gäbe, mit der man gewisse Gedanken löschen könnte, würde ich sie mir geben lassen? Wenn ja, für welche?

Bei welchen Themen habe ich Scheuklappen auf? Und was müsste passieren, damit ich sie ein kleines Stück öffne?

Wozu habe ich das Wissen und das Können, nur nicht den Willen?

Womit kann man mich mehr berühren?

☐ mit Worten ☐ mit Taten

Und womit berühre ich andere leichter?

Woran glaube ich eher?

☐ Der Sinn des Lebens ist versteckt und muss von jedem gefunden werden.
☐ Die Suche danach ist der eigentliche Sinn.
☐ Jeder muss seinem Leben einen eigenen Sinn geben.
☐ Das Leben hat keinen Sinn.

Warum?

Worüber denke ich zu viel nach? Wobei fühle ich zu wenig?
Gibt es hierfür eher Gründe, die ich nicht sehe oder die ich nicht sehen will?

Wenn Neid als Glückskiller Nummer eins bezeichnet wird: Ist Dankbarkeit für mich das wichtigere Gefühl? Wenn ja, wie lebe und drücke ich es aus?

Was sind die fünf Lebensumstände, für die ich meinem Schicksal am meisten Dankbarkeit schulde?

1.
2.
3.
4.
5.

Wie viel Raum gebe ich meinem Aussehen in meinem emotionalen Haushalt?

Was gewinne ich dadurch, mich im Blick zu haben, und was verliere ich dadurch vielleicht aus dem Blick?

Für welches meiner Gefühle hätte ich gern eine logische Erklärung?

Welche erotische Phantasie hat es bisher nur in meinen Kopf geschafft?

In welchen Momenten kann ich mich auf meine Intuition blind verlassen? Und wann sollte ich lieber die Augen offen halten?

Bin ich ausreichend mit Humor ausgestattet, um mit den Absurditäten des Lebens zurechtzukommen?

☐ ja ☐ nein

In welchen Situationen wünsche ich mir mehr Leichtigkeit?

Welche Hoffnung werde ich niemals aufgeben?

Welches meiner Gefühle habe ich bisher noch nie öffentlich gezeigt?
Was hat mich daran gehindert?

Wann lag ich mit meiner Intuition goldrichtig? Wie kann ich sie trainieren?

Worauf lege ich mehr Wert?
☐ aufs Denken ☐ aufs Reden ☐ aufs Machen?
In welchen Situationen bringt mich das voran?
In welchen wirft es mich zurück?
Was müsste passieren, damit sich die Reihenfolge ändert?

Kritisiere ich mich tendenziell häufiger zu Recht ☐ oder zu Unrecht ☐ ?
Wenn zu Recht, nehme ich meine Kritik an und setze sie um?
Wenn zu Unrecht, was mache ich falsch beim Kritisieren?

In welchen Situationen verkaufe ich mich unter Wert?

Unter welchen Rahmenbedingungen kann ich mich gehen lassen?
Und unter welchen gehe ich auf?

Welche Überlegungen habe ich schon mehrfach angestellt und musste immer wieder feststellen, dass sie ins Leere laufen? Woran kann es liegen, dass sie in meinem Gehirn kein Ziel finden?

Hätten alle meine Gedanken in dem Moment, in dem sie entstanden sind, eine direkte Auswirkung auf die Welt gehabt, wie würde die Welt heute aussehen?

Lebenssinn

Wenn wir glücklich sind, stellt sich uns die Frage nach dem Sinn des Lebens nicht. Doch kaum steigen wir vom Gipfel des Glücks und richten den Blick auf unsere ungeschönte Welt, beginnen wir zu zweifeln und fragen uns nach der Sinnhaftigkeit unserer Existenz. Wir suchen nach Antworten, nach einem Rezept für ein geglücktes Leben, und entdecken vielleicht, dass Glück und Lebenssinn etwas gemein haben: Wir können sie nur in uns und im Einsatz für andere finden.

Stelle ich oft die Sinnfrage – oder lebe ich einfach? Was macht für mich Sinn?

Mit welchen Farben würde ich ein Bild meines Lebens malen?
Was wäre hierauf zu sehen?

Lebe ich entsprechend der Erkenntnis, dass die kleinen Momente die großen sind? Und dass weniger oft mehr Glück bedeutet?

Was sind ganz besondere Glücksmomente für mich?

Für welchen Gedanken wünsche ich mir die nötige Ruhe, um ihn zu Ende zu denken?

Woran glaube ich? Und wer, glaube ich, glaubt an mich?

In welchem Alter habe ich am meisten gelernt? In welchem am wenigsten?
Was möchte ich in diesem Jahr noch lernen?

Welche Rituale habe ich mir geschaffen, die mir wichtig sind?

Von welchem Buch habe ich für mich persönlich am meisten profitiert?
Inwiefern genau?

Beherzige ich die Weisheit, dass das Glück anderer glücklicher
macht als das ewige Hinterherrennen hinter meinem?
Wen habe ich in letzter Zeit so richtig glücklich gemacht?

Welche Rechte habe ich gegenüber meinem Leben? Und welche Pflichten?

Die Dosis macht's, sagte schon Paracelsus. Berücksichtige ich das in der Gewichtung der verschiedenen Elemente meines Lebens? Welche sind eventuell über- und welche unterdosiert?

Wem gegenüber bin ich toleranter?
☐ anderen oder ☐ mir selbst?
Was macht meine Antwort gerade mit mir?

Was wäre mir eine Ehre?

Wann fühle ich mich so richtig lebendig?

Wenn ich mein Leben in einem Satz beschreiben müsste, wie würde er lauten?

Und welche Lebensbeschreibung würde mich bis zu den Ohren strahlen lassen?

Was möchte ich niemals wissen (auch, wenn ich es erfahren könnte)?

Gibt es für mich einen Unterschied zwischen allein leben, allein sein und sich allein fühlen? Was trifft auf mich zu? In welchen Momenten?

Was wäre eine gute Ausrede, um seine Misserfolge rückblickend am Lebensende überzeugend zu rechtfertigen?

Habe ich meinen Zenit bereits erreicht? Wie komme ich zu diesem Eindruck?

Wenn ich mich einen Tag lang filmen würde, wie viele der eintausendvierhundertvierzig Minuten würde ich wohl speichern?

Wie lang wäre mein Best-of am Lebensende im Vergleich zu einem Spielfilm

☐ länger ☐ kürzer

Und wie kann ich die Spielzeit verlängern?

Was macht mich zu einem guten Menschen?

Welche einfachen Dinge mache ich mir häufig zu kompliziert?
Wie gelingt es mir, Einfaches einfach sein zu lassen?

Was kann ich von der Natur lernen?

Wer oder was ist meine Heimat?

Welche Rolle habe ich inne? Bin ich damit glücklich? Habe ich sie bewusst gewählt, wurde sie mir auferlegt oder hat sie sich mit der Zeit einfach ergeben?

Was müsste ich viel mehr hegen und pflegen?

Angenommen, ich wäre mein eigener Erbe: Würde ich mich auf mein Ableben freuen? Was würde ich gerne an Materiellem und Immateriellem weitergeben?

Wäre ich Leiter/-in eines Erziehungscamps, auf welche Werte würde ich besonderen Wert legen?

Welches Bundesministerium würde ich gern einmal übernehmen?
Was wären meine ersten Maßnahmen?

Hat mein Leben einen Sinn? Wenn ja welchen? Oder sollte man sich die Frage nicht stellen?

Habe ich jeden Abend etwas Besonderes von meinem Tag zu berichten?

- ☐ ja — Wem kann ich dafür danken?
- ☐ nein — Passiert in meinem Leben nichts Besonderes, oder nehme ich es nur nicht wahr?

Warum bin ich so, wie ich bin, und nicht anders? Warum bin ich gut so, wie ich bin?

Wann vergesse ich alles und bin vollkommen bei mir? Ließe sich dieser Zustand nicht häufiger erreichen?

Symbolisch gesehen: Habe ich ab und zu Mut zum Sprung ins kalte Wasser? Und wann hat ein mutiger Sprung mein Leben mal so richtig positiv verändert?

Aus welcher Quelle ziehe ich den Sinn meines Lebens?

Was fehlt mir, das ich bis zu den letzten Fragen noch nicht vermisst habe?

Herausforderungen

Jeder Lebensweg ist voller Hindernisse und unvorhersehbarer Windungen. Gelingt es uns, aus den Steinen auf unserem Weg Brücken zu unseren Träumen und Visionen zu bauen, wachsen wir – trotz allem – über uns hinaus. Zu den großen Herausforderungen unseres Lebens gehört die Beschäftigung mit der eigenen Vergänglichkeit. Unser Tod ist unausweichlich, doch können wir mit jedem Atemzug unser Leben vertiefen und das Glück in uns selbst finden.

Das Leben ist voller Probleme, Rückschläge, Schmerzen, Unfälle, Enttäuschungen und Krankheiten. Schaffe ich es trotzdem, Inseln des Glücks zu finden? In welchen Situationen gelingt es mir? Und wann noch nicht?

Welche persönliche Krise hat mir im Nachhinein gesehen mehr Gutes als Schlechtes gebracht?

Wie sieht mein geistiger Rückzugsort aus, an dem alles genau so ist, wie ich es mir wünsche?

Was liegt mir mehr: die Dinge zu ertragen ☐ , zu beklagen ☐ oder zu vertagen ☐? Wie zufrieden bin ich damit? Was müsste geschehen, dass ich ändere, was ich ändern kann, und akzeptiere, was ich nicht zu ändern vermag?

Wenn ich Einfluss auf den Tag meines Todes hätte, in welcher Jahreszeit sollte dieser liegen? Und warum in keiner anderen?

Was sehe ich im Rückspiegel meines Lebens?

Was wäre ein schöner letzter Satz? Und wer sollte ihn hören?

Was würde sich an meiner Lebensplanung verändern, wenn ich heute den genauen Tag erfahren würde, wann ich sterbe?

Welchen Satz soll man über mich sagen, wenn es mich nicht mehr gibt?

Bin ich innerlich vorbereitet auf die dunklen Momente,
die es in jedem Leben gibt?

Wovor habe ich hinsichtlich des Altwerdens mehr Angst?

- ☐ vor dem Alleinsein
- ☐ vor dem Armsein
- ☐ vor dem Kranksein

Was könnte ich heute vorbereitend unternehmen, damit ich weniger Angst habe?

Gibt es eine Streitigkeit, der ich nicht aus dem Weg gegangen bin und die ich mit dem heutigen Wissen bereue?

Wann fühle ich mich ungerecht behandelt oder beurteilt?
Wie gehe ich damit um?

Welche scheinbar unlösbaren Situationen habe ich im Leben lösen können?

Bin ich auf den Tod gut vorbereitet? Könnte er morgen kommen?

☐ ja Was hilft mir dabei, den Tod nicht zu fürchten?

☐ nein Wie könnte ich die Furcht verlieren?

Nach welcher für mich schwierigen Entschuldigung würde mir ein Stein vom Herzen fallen?

Was bringt mich aus der Balance? Mit welchem Gegengewicht kann ich sie wiederherstellen?

Welche Angriffspunkte biete ich anderen? Welche davon möchte ich ausmerzen, zu welchen stehe ich (mit welchen Argumenten)?

In welchen Situationen wäre ich gern nachsichtiger mit mir? Was hindert mich daran?

Wenn mein Leben vom TÜV überprüft werden würde, mit welchen Mängeln müsste ich rechnen? Wie könnte ich sie vor der Überprüfung noch ausbessern?

Wenn das Leben Garantien ausstellen würde, wofür hätte ich gern eine?

In welchen Momenten habe ich Kontrolle über mein Leben? Wann nicht?

Was soll mit meinem Körper passieren, wenn ich nicht mehr bin?
Wie wünsche ich mir dazu passend meine Abschiedsfeier?

Angenommen, ich würde nach meinem Tod als Baum weiterleben, welchen Standort würde ich mir wünschen? Mit welchem Ausblick?

Wie gehe ich mit Problemen um?

☐ Bewältigung

☐ Verdrängung

Wie fahre ich mit dieser Methode?

Was verursacht bei mir negativen Stress? Was positiven?

Was könnte ich ändern, um weniger negativen und mehr positiven Stress in mein Leben zu bringen?

Welchen Weckruf könnte ich gut gebrauchen?
Welchen ungehörten habe ich schon verpasst?

Für welches Problem der Menschheit hätte ich gern die Lösung?

Freiheit

Frei zu sein heißt, die Dinge loszulassen, die unser Denken und Fühlen, unser ganzes Sein beengen. Einmal Nein zu sagen, die gewohnten Grenzen zu verlassen, nicht tun zu müssen, was man nicht will, und uneingeschränkt Ja zu dem zu sagen, was einen magisch anzieht: All das ist Freiheit – solange sie die Grenzen anderer nicht überschreitet und mit Verständnis und Respekt für das Leben einhergeht.

Wenn ich einen Tag lang machen dürfte, was ich wollte, was würde ich tun?

Was müsste geschehen, damit diese 24 Stunden Wirklichkeit werden?

Wie fühlt sich Freiheit an? Was brauche ich dazu – und was sicherlich nicht?

Wenn ich mir jetzt eine Auszeit nehmen könnte, wovon und für wie lange?

Angenommen, es gäbe ein Navigationssystem fürs Leben, würde ich es mir kaufen? Wenn ja, was verspräche ich mir davon? Wenn nein, warum nicht?

Was reizt mich total, wozu ich mich bisher aber noch nicht getraut habe?

Nutze ich die Freiheit, die ich habe? Wo schaffe ich das nicht?

Wann habe ich das letzte Mal etwas kleines oder großes Verrücktes gemacht? Und was?

Was muss geschehen, damit ich mich vollkommen unabhängig fühle?
Und was, damit ich es – objektiv betrachtet – auch tatsächlich bin?

Verglichen mit einem Garten: Wie ist mein Leben?

- ☐ klar strukturiert
- ☐ wild gewachsen
- ☐ eine noch frei zu gestaltende Fläche

Welche Verrücktheit habe ich bisher nur gedacht und nicht gemacht?
Sollte es dabei bleiben?

Für welche Eingebung würde ich einen ausgeben?

Welche Punkte hindern mich daran, ab morgen genau das Leben zu führen, das ich mir wünsche? Jeden Punkt einzeln betrachtet: Welche Möglichkeiten gibt es, dieses Hindernis aus dem Weg zu räumen?

Welche Macken möchte ich bis ins hohe Alter hegen und pflegen?
Welche würde ich am liebsten mit der Zeit verwelken lassen?

Wo folge ich blind dem Mainstream? Wo ganz bewusst?
Und in welchen Bereichen entziehe ich mich dem Massengeschmack und setze eigene Trends?

Wenn ich vollkommen frei wäre, was wäre im Vergleich zu heute dann anders?

Was würde ich über mein heutiges Leben denken, wenn ich zwanzig Jahre älter wäre? Und was, wäre ich zwanzig Jahre jünger?

Wie wäre ich besser dran?
☐ mit Religion ☐ ohne Religion
Warum?

Und die Welt insgesamt? Und Warum?

Was in meinem Leben könnte eine Prise mehr Normalität vertragen?
Was einen Spritzer mehr Außergewöhnlichkeit?

Hätte ich die Chance, nacheinander zwei vollkommen verschiedene Leben zu leben, würde ich sie ergreifen wollen? Wenn ja, wie würden sie aussehen?

Erstes Leben:

Zweites Leben:

Von welcher Zeit habe ich frei in meiner Freizeit?

Wäre ich als Baby in den Zaubertrank gefallen – welche Fähigkeiten hätte ich gern erhalten? Was würde ich mit ihnen anstellen?

Welches Recht würde ich mir gern einmal herausnehmen?
Was erhoffe ich mir davon?

Wenn ich einzelne Fähigkeiten von Tieren kopieren und auf mich übertragen könnte, für welche würde ich mich entscheiden?

Was überwiegt häufiger bei meiner Sicht auf die Dinge?

- ☐ Optimismus
- ☐ Pessimismus
- ☐ Gleichgültigkeit

Wäre mein Leben ein besseres mit einer anderen Sichtweise?

Womit würde ich gern anfangen? Und womit endlich aufhören?
Und was immer behalten?

Was steckt tief in mir, das nur darauf wartet, endlich herauszukommen?
Was muss passieren, damit es herauskommt?

Wenn mein Grabstein ein überdimensionaler Touchscreen wäre,
mit welchen Bildern aus meinem Leben sollte er gefüllt sein?

Was müsste ich mich trauen, damit ich von mir selbst positiv überrascht wäre?

Schaffe ich es, ein wenig mit meinem Schicksal zu jonglieren?

Was würde ich später bereuen, wenn ich es nicht getan hätte?

Welche Last trage ich schon länger unnötig mit mir herum?

Welche unrealistischen Träume wohnen in mir? Bei welchem steht die Chance am besten, dass er doch in Erfüllung gehen könnte?

Was würde ich sofort loslassen, wenn ich es könnte? Was hält es noch fest?

Wenn ich ohne zeitlichen, finanziellen und persönlichen Aufwand etwas in meinem Leben verändern könnte: Wofür würde ich mich entscheiden?

Wenn ich der Wind wäre: Wohin würde ich mich treiben?

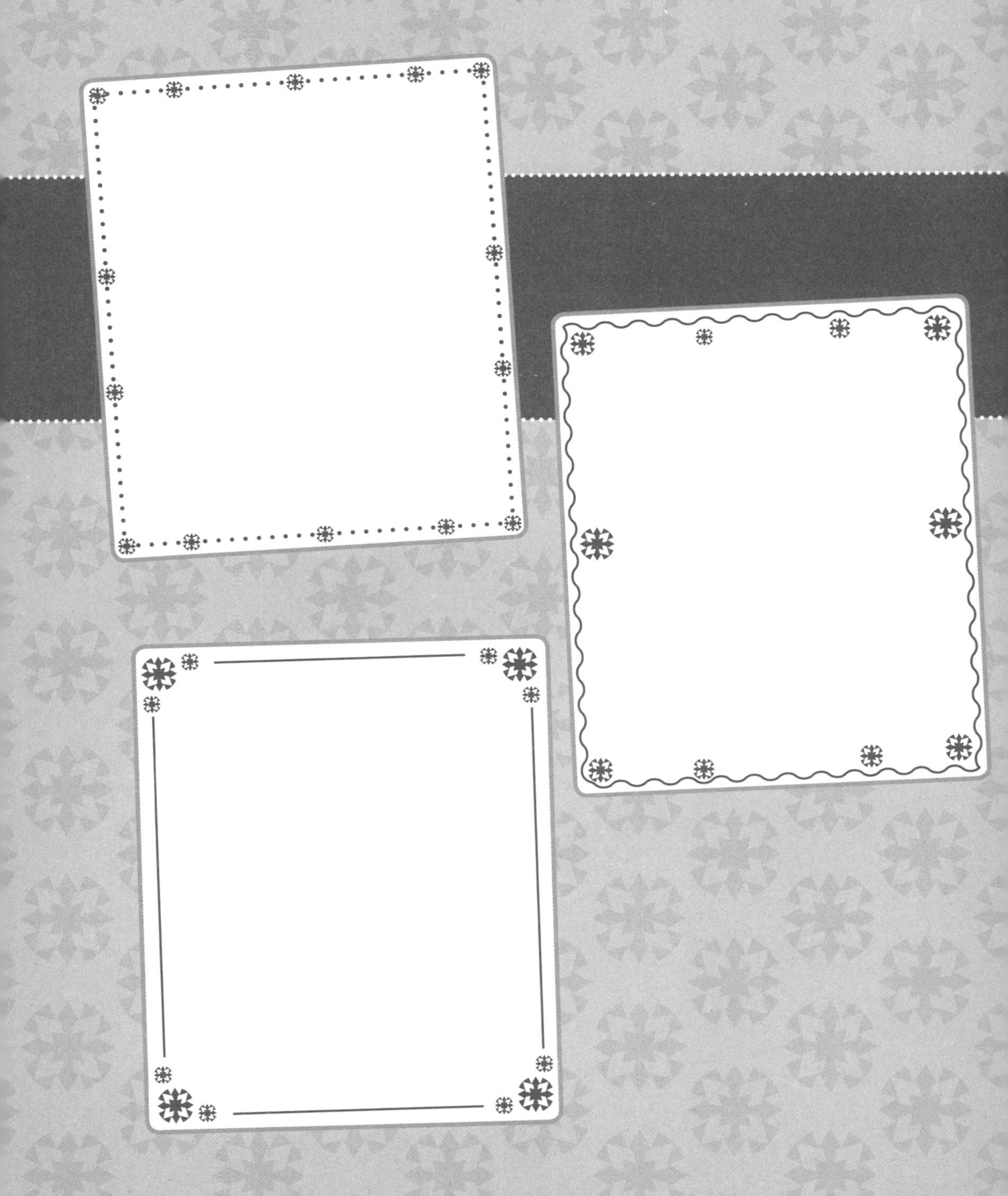

Zu neuen Ufern

Was wir heute denken, fühlen und tun, formt unsere Zukunft. Je tiefer wir unser Tun hinterfragen und je mehr wir uns von unnötigen Einschränkungen befreien, desto bewusster können wir zum Architekten unseres Lebens und zu erfüllten, selbstbewussten Menschen werden. Menschen, die ihr eigenes Lebenskonzept leben und anderen dabei helfen, ihres zu finden. Geschichte geschieht nicht einfach. Sie wird geschrieben. Von uns allen.

Auf welche Errungenschaften meines Lebens bin ich stolz?
Und auf welche neuen wäre ich es gern in fünf Jahren?

Kann es sein, dass ich auf dem Sterbebett denken werde, ich hätte mehr mein Leben leben sollen als das, welches andere von mir erwarteten? Wenn ja, wie hätte dieses andere Leben ausgesehen?

Angenommen, ich könnte mit einer magischen Fernbedienung die Zeit beeinflussen: In welchen Momenten würde ich sie anhalten, vorspulen oder zurückspulen? Aus welchen Gründen?

Dürfte ich mir ein Horoskop für den nächsten Monat schreiben, das garantiert genauso einträfe, was stünde darin?

Gesetzt den Fall, ich wache morgen früh auf und bin über Nacht zwanzig Jahre älter geworden, worauf würde ich mich freuen?

Welche Schlagzeile wäre aktuell passend zu meinem Leben?
Und welche wünschenswert für das nächste Jahr?

Welche Zeilen meines Lebenslaufs kann ich voller Stolz farbig und fett hervorheben? Und welche fehlen noch zur Vollendung?

Wenn ich sofort flüchten müsste und nie mehr wiederkehren könnte, was würde ich mitnehmen, wenn ich nur fünf Minuten Zeit zum Packen hätte?

Mit welchen Dingen würde ich meine Zeitkapsel bestücken? Was sollte der Finder/die Finderin von mir erfahren? Und was über mich denken?

Was würde ich tun als letzter Mensch dieser Welt?

Setze ich mir Ziele ehrgeizig genug, dass ihr Erreichen mich beglückt, aber nicht so ehrgeizig, dass ich sie nicht erreichen kann? Welches nächste Ziel könnte ich mir setzen, das dieser Anforderung entspricht?

Sind Arbeit und privates Glück bei mir in etwa in Balance?
Sollte ich hier nachjustieren – und wenn ja, in welcher Hinsicht?

Überdecken Sorgen die Zukunft betreffend bei mir häufig Freuden, welche die Gegenwart mir schenkt?

Wie müsste ein Rentner/eine Rentnerin sein, damit er oder sie mir als Vorbild dienen könnte, dem ich nacheifere?

Zu wie viel Prozent bin ich aktuell ganz ich selbst? Was muss geschehen, damit ich es zu hundert Prozent bin?

Angenommen, ich würde über Nacht all meine Fähigkeiten verlieren bis auf eine: Welche würde ich behalten wollen?

Angenommen, mein Leben wäre ein Alphabet: Bei welchem Buchstaben bin ich gerade angekommen? Was kann ich tun, um mein Z zu erreichen?

Was sind die Höhepunkte meines nächsten Lebensjahres? Welche könnten gern noch dazukommen?

Wo möchte ich sein, wenn ich die Welt verlasse? Was möchte ich hinterlassen?

Verglichen mit einer Raupe: Habe ich mich schon vollständig entwickelt?

☐ ja Was kommt jetzt noch?

☐ nein Was fehlt noch zur Entfaltung?

Welche Abenteuer möchte ich noch erleben? Welche möchte ich mir ersparen?

Könnte ich jemand anderem eine seiner Gaben abnehmen, um sie selbst zu haben, würde ich dies tun? Wenn ja, auf welche Gaben hätte ich es abgesehen?

Was steht auf den ersten drei Plätzen meiner Liste mit Dingen,
die ich vor meinem Tod noch tun möchte?
Wovon weiß ich dabei, dass ich es ohnehin niemals machen werde?
Warum streiche ich dies dann nicht gleich und ersetze es mit etwas anderem?

Welche Werte möchte ich an die nächste Generation weitergeben?
Und warum?

Was würde in meinem Brief an mich selbst stehen, wenn ich ihn heute verfassen und erst in fünf Jahren lesen dürfte?

Welche Empfehlungen zur Lebensführung würde ich jemandem geben, der hundert Jahre alt werden möchte? Welche dieser Empfehlungen setze ich selbst um?

Wobei bin ich meiner Zeit eher voraus? Wo hinterher? Und wo zeitlos?

Welche Aspekte des Alterns würde ich mir gern ersparen? Welche Maßnahmen könnte ich vorbeugend schon heute ergreifen?

Angenommen, ich müsste an einem anderen Ort ein neues Leben beginnen und dürfte hierzu nichts und niemanden aus meinem jetzigen Leben mitnehmen, wo würde ich neu starten, und wie würde mein neues Leben aussehen?

Hat mir die Beschäftigung mit all diesen Fragen ein paar Türen zum Glück geöffnet? Wenn ja, welche?

Welche Türen zum Glück sind mir noch verschlossen?
Was könnte der jeweilige Schlüssel dazu sein?

Was zählt für mich wirklich im Leben?

Welche Fragen könnte ich mir oder einem anderen mir wichtigen Menschen noch stellen, wenn es um das persönliche Glück geht?

Zu guter Letzt

Dieses Buch gehört nun dir. Du hast es mit deinen eigenen Erinnerungen, Gedanken, Träumen und Visionen gefüllt. Wir wünschen dir für dein weiteres Leben viel Freude und viel Glück.

Florian Langenscheidt mit André Schulz

Mein Glück seid ihr:

Miriam, Charlotte, Amélie, Isabelle,
Beate, Raphael und Leonard.
Und Bücher wie dieses schreiben zu dürfen.
Und Mails zu erhalten, die zeigen,
was solche Bücher auslösen:
www.florian-langenscheidt.de
Mein Dank gilt für immer meinen Eltern.
Und hinsichtlich meiner Bücher
dem umwerfenden Heyne-Team
und den Lektorinnen Heike Plauert und Angela Kuepper.

Florian Langenscheidt

Danke!

Danke Ninne, Paul, Matti, Ida, Opa Didi, Oma Ingi, Opa Ebi und Oma Siggi, dass ihr meine Glücksfamilie seid.
Danke Florian für dein wertvolles Vertrauen, deinen unbändigen Enthusiasmus und deine einzigartige Gabe, das Beste im Menschen wach zu küssen.
Danke dem Heyne Verlag für den Glauben an unsere Glücksfragenidee, die liebevolle Buchgestaltung und die Begeisterung für das fertige »Lebens-Werk«.
Und danke Ihnen, liebe Leserin, lieber Leser, dass Sie unseren Fragen Ihre kostbare Zeit schenken und sie mit Ihren Gedanken zum Leben erwecken.
Was gibt es Schöneres, als das zu tun, was man liebt? Danke, Leben!

André Schulz

© Florian Jaenicke

Dr. Florian Langenscheidt, geboren 1955 in Berlin, ist Autor so erfolgreicher Bücher wie *1000 Glücksmomente*, *Glück mit Kindern*, *Wörterbuch des Optimisten* und des Bestsellers *Langenscheidts Handbuch zum Glück*. Er gibt Standardwerke wie *Aus bester Familie* oder *Das Beste an Deutschland. 250 Gründe, unser Land heute zu lieben* heraus. Langenscheidt, der nach Studien der Philosophie und Literatur als »Botschafter des Herzens« durch die Welt reist und vor renommiertem Publikum Vorträge über die Sinnfragen des Lebens hält, ist auf vielfältige Weise unternehmerisch, beratend und philanthropisch tätig. Er ist Gründer von CHILDREN FOR A BETTER WORLD, selbst Vater von fünf Kindern und lebt an einem See in Berlin.

© Katja Schulz

André Schulz, geboren 1978 in Lüneburg, ist Unternehmer und Autor. Als Lebensbanker® inspiriert Schulz Menschen zu einem individuellen, selbstbestimmten und glücklichen Leben. Seine unterhaltsamen Glücks- und Geldvorträge erreichten schon viele tausend Menschen. Mit seiner Frau und seinen drei Kindern lebt er am Stadtrand von Lüneburg.

Verlagsgruppe Random House FSC® N001967
Das für dieses Buch verwendete FSC®-zertifizierte Papier
Amber Graphic fertigte Arctic Paper, Kostrzyn.

Umschlaggestaltung: Hauptmann und Kompanie Werbeagentur, Zürich,
unter Verwendung einer Illustration von © Foto Bureau Nz Limited / Getty Images
Redaktion: Angela Kuepper
Satz: Guter Punkt, München
Druck und Bindung: Friedrich Pustet, Regensburg
Printed in Germany 2015
ISBN: 978-3-453-20083-8

www.heyne.de